MIX
Papier aus verantwortungsvollen Quellen
FSC® C002795

Ellermann im Dressler Verlag GmbH, Hamburg

Einband von Nina Hammerle
Druck und Bindung: Livonia print, Riga
Printed 2014
ISBN 978-3-7707-2491-8

www.ellermann.de

Der große ellermann-Bilderbuchschatz

ellermann

Inhaltsverzeichnis

Erhard Dietl

Die Olchis allein zu Haus

Mit Bildern des Autors

Auf dem Müllberg von Schmuddelfing wohnt die Olchi-Familie. Am liebsten muffeln die Olchis den ganzen Tag vor sich hin und essen den leckeren Müll, der jeden Tag frisch auf der Müllkippe ankommt. Heute Abend hat Olchi-Mama eine Babysitterin für die Olchi-Kinder bestellt. »Wir müssen zu einer Versammlung«, sagt sie. »Der Bürgermeister will eine große Anlage zum Müllverbrennen bauen. Muffelfurz, was für eine Schande!«

»Schön, dass du da bist, Frau Pfifferling«, sagt Olchi-Mama zu der Babysitterin. »Die Kinder haben noch nicht zu Abend gegessen, und der Drache muss noch Futter bekommen.«
»Kein Problem«, sagt Frau Pfifferling, »das kriegen wir schon hin.«

»Bis später, Schleime-Schlamm-und-Käsefuß!«, ruft Olchi-Opa. Frau Pfifferling winkt den vier Olchis nach. Dann dreht sie sich zu den Olchi-Kindern um.
»Na, ihr beiden, wir werden uns bestimmt gut verstehen«, sagt sie und lächelt.

Frau Pfifferlings Parfüm riecht so frisch wie ein Frühlingswind.
»Lausiger Kröterich«, knurrt das eine Olchi-Kind und hält die Luft an.
»Schlapper Schlammlappen«, flüstert das andere Olchi-Kind.

Frau Pfifferling stellt ihre Tasche auf den Tisch. »Dann werde ich mal das Abendessen machen«, sagt sie.
»Oh ja, Reißnagelsuppe!«, ruft das eine Olchi-Kind.
»Schuhsohlenschnitzel«, sagt das andere.
Frau Pfifferling lacht. »Es gibt eine leckere Gemüsesuppe.« Sie holt Paprika, Pilze und Karotten aus der Tasche.
»Ach, du grüner Kröterich!«, rufen die Olchi-Kinder.

Vor dem Kochen muss Frau Pfifferling aber erst mal Olchi-Mamas Kochtöpfe sauber machen. Die sind ja völlig verschmuddelt! Frau Pfifferling rümpft die Nase.

»Wir mögen keine Gemüsesuppe!«, sagen die Olchi-Kinder, als sie am Tisch sitzen. »Wir essen nur Olchiges!«
Schnell schieben sie sich ein paar Schuhsohlen und Flaschen in den Mund und kauen kräftig darauf herum.
»Du liebe Güte!«, ruft Frau Pfifferling erschrocken. »Hört sofort auf damit! Davon bekommt ihr doch Bauchweh!«
»Wir kriegen nie Bauchweh«, sagt das eine Olchi-Kind und rülpst so laut, dass eine Fliege tot auf den Boden fällt.

»Höchste Zeit, dass hier mal jemand sauber macht«, sagt Frau Pfifferling nach dem Essen und fängt an, mit einem alten Besen den Fußboden der Olchi-Höhle zu fegen.
Danach räumt sie alle Flaschen, Dosen und Fischgräten aus der Höhle.
»Ranziger Stinkstiefel! Was machst du denn da?!«, rufen die Olchi-Kinder entsetzt. Für die Olchis ist Aufräumen schließlich fast so schlimm wie Parfümgeruch.

Doch Frau Pfifferling lässt sich nicht stören. Sie schrubbt Olchi-Papas Müllbadewanne, bis sie blitzsauber aussieht.
Sie räumt schnaufend ein paar schwere Kisten, ein Abflussrohr und einen alten Autoreifen zur Seite. »Wollt ihr mir nicht ein bisschen helfen?«, fragt sie. »Rostiger Gräterich«, knurren die Olchi-Kinder und kneifen ganz fest die Augen zu.

Plötzlich kommt der Drache Feuerstuhl aus seiner Garage. Er ist aufgewacht, und sein Magen knurrt so laut wie ein wütendes Kamel.
»Hilfe!«, schreit Frau Pfifferling und springt entsetzt zur Seite.
»Feuerstuhl hat Hunger«, erklären die Olchi-Kinder.
»Er braucht sein Abendessen.«

»Er kann ja von der Gemüsesuppe haben«, sagt Frau Pfifferling und kippt Feuerstuhl die Suppe ins offene Maul.

Feuerstuhl bekommt überall bunte Streifen, er blubbert wie ein altes Motorboot, und hustend und spuckend verkrümelt er sich hinter die Höhle.

»Jetzt ist es aber Zeit fürs Bett«, sagt Frau Pfifferling.
»Putzt euch die Zähne!«
»Muffelfurz!«, rufen die Olchi-Kinder laut und hüpfen in eine Schlammpfütze.

Frau Pfifferling ist entsetzt. »Hört sofort auf damit! Ihr macht euch ja total dreckig!«
Die Olchi-Kinder werfen nasse Matschknödel in die Luft, und Frau Pfifferling wird vor Aufregung ganz rot. »Dann fang ich eben mit dem Baby an!«, ruft sie. »Das muss sowieso dringend mal gewickelt und gewaschen werden!«

»Nicht waschen!«, kreischen die Olchi-Kinder, denn das ist für die Olchis schlimmer als Gemüse und Parfüm auf einmal.

Aber zu spät! Das arme Olchi-Baby verträgt Seifenwasser überhaupt nicht. Seine kleinen Hörhörner hängen ganz schlapp herunter. Da platzt den Olchi-Kindern der Kragen!

Die Olchis rülpsen jetzt so laut,
dass es sogar den Kröten graut.
Der Drache faucht, so laut er kann,
man sieht ihm seinen Ärger an,
und Olchi-Baby, dieser Kräher,
schreit lauter als drei Rasenmäher.

Die dicken Mäuse und die Ratten
hüpfen aus den Hängematten,
und ein grüner Kröterich quakt und
kreischt ganz fürchterlich.
Alles kreischt und brüllt und stinkt –
Frau Pfifferling in Ohnmacht sinkt!

Zufrieden klatschen die Olchi-Kinder in die Hände. »Jetzt müssen wir schnell alles wieder olchig machen, bevor die anderen von der Versammlung zurückkommen«, sagt das eine Olchi-Kind.
Als Erstes kümmern sie sich um Feuerstuhl. Der Drache bekommt hundert Liter Maschinenöl zu trinken. Feuerstuhl grunzt zufrieden und schleckt sich über die Lippen. Nun schimmert seine Haut wieder schön Olchi-grün.

Auch die Höhle muss wieder richtig olchig werden. Die Olchi-Kinder haben eine Menge zu tun, denn Frau Pfifferling hat wirklich gründlich aufgeräumt. Die liegt immer noch ohnmächtig am Boden. Eine kleine Fliege hat sich auf ihre Nasenspitze gesetzt, doch Frau Pfifferling merkt es gar nicht.

Olchi-Baby darf ein schönes Müllbad nehmen. Dazu bekommt es ein Fläschchen leckere Stinkerbrühe, denn das ist gut gegen die bunten Flecken. Dann darf es ein bisschen schaukeln ...

... und mit Feuerstuhl umherfliegen. Zum Einschlafen singen ihm die Olchi-Kinder noch ein olchiges Schlaflied vor. Olchi-Baby schließt die Augen und sieht sehr glücklich aus. Auch die Olchi-Kinder werden plötzlich ganz furchtbar müde ...

Alle schlafen friedlich, als Olchi-Opa, Olchi-Oma, Olchi-Mama und Olchi-Papa zurückkommen.
Olchi-Opa ist sehr zufrieden, weil die Müllverbrennungsanlage nun doch nicht gebaut wird. »Wir essen den ganzen Müll einfach auf«, ruft er.
»Seht nur, wie olchig alle schlafen«, sagt Olchi-Oma.

»Das hat die Babysitterin aber gut gemacht, Schleime-Schlamm-und-Käsefuß«, meint Olchi-Mama.
Frau Pfifferling schlägt die Augen auf.
»Das ist für dich! Als Belohnung fürs Babysitten«, sagt Olchi-Papa und hält ihr eine Kiste mit vergammelten Fischen hin.

Frau Pfifferling schnappt nach Luft. Dann springt sie auf und saust wie der Blitz über die Müllkippe davon. »Schleimige Schlammsocke, die hat es aber eilig«, wundert sich Olchi-Mama. »Na, dann bekommt sie ihre Belohnung eben das nächste Mal!«

Christoph Schöne

Ritter Löwenzahn und der Drache

Mit Bildern des Autors

Der kleine Ritter Löwenzahn war der kleinste und jüngste Ritter im ganzen Königreich. Trotzdem führte er sein Rittergut besser als so mancher Große:

Er verteilte seine Felder gerecht unter den Bauern des Dorfes, die darauf Getreide und Gemüse anbauten und ihr Vieh weideten. Er sorgte für sauberes Wasser in den Brunnen, damit die Menschen nicht krank wurden. Und wenn ein Unwetter kam oder der Winter sehr kalt wurde, durften die Dorfbewohner zu ihm in die Ritterburg kommen.
Der kleine Ritter Löwenzahn war immer bemüht, seinen Leuten das Leben so leicht wie möglich zu machen.

Ganz anders ging es im Dorf seines Nachbarn Neidbert von Gierschlund zu. Der dachte immer nur an sich.
Wenn die Bauern ein Schaf verkaufen wollten, mussten sie es vorher scheren und Neidbert die Wolle geben. Und von jedem Ei, das gelegt, gegessen oder verkauft wurde, wollte er das Gelbe haben.

Dabei brauchte Ritter Gierschlund das meiste, was er den Bauern abnahm, gar nicht. Aber er konnte einfach den Hals nicht vollkriegen. Alles, was er an Essen nicht sofort in sich hineinstopfen konnte, lagerte er neben den Schatzkisten im Keller seiner Burg, wo es nicht besonders gut roch.

Der kleine Ritter Löwenzahn war Neidbert immer aus dem Weg gegangen. Doch eines Tages klopfte der Gierschlund an das Burgtor des kleinen Ritters.

»He, Milchzahn!«, brüllte er. »Der König hat verkündet, dass nur derjenige ein richtiger Ritter ist, der eine Heldentat vollbracht hat!« Löwenzahn schluckte.

»Du musst also erst mal einen Drachen besiegen, so wie ich«, rief Neidbert und wedelte mit einer echten Drachenschuppe. »Ich werde mich solange um deine Burg und das Dorf kümmern.«
Neidbert lächelte gemein. »Und vergiss nicht, einen Beweis mitzubringen!«

Heldentaten, Drachen töten! So was Blödes!, dachte Löwenzahn und seufzte tief.
Dann setzte er seinen schönsten Helm auf, nahm sein schärfstes Schwert, sattelte Sultanine, sein treues Ross, und machte sich auf die weite Reise in die Drachenberge, wo seit Urzeiten Drachen ihr Unwesen trieben.
Die Menschen, denen er unterwegs begegnete, schüttelten den Kopf und sagten: »Traurig, traurig, so klein und schon bald tot!«
Wie sollte man da seine gute Laune behalten?

Als der kleine Ritter nach vielen Tagen die Drachenberge erreichte, war ihm ziemlich mulmig zumute.
Vielleicht habe ich ja Glück und finde einen ganz, ganz kleinen Drachen, dachte Löwenzahn. Denn Drache ist Drache.
Aber er hatte Pech. Er fand einen ganz, ganz großen.

Und einen sehr, sehr schlecht gelaunten dazu.
Ohne Vorwarnung stürzte sich der Drache brüllend auf ihn. Löwenzahn hatte nicht einmal genug Zeit, um richtig Angst zu bekommen. Er konnte sich gerade noch hinter seinen Schild ducken, sonst hätte ihn einer der mächtigen Fangzähne des Drachen erwischt. Der Schlag war so hart, dass er dem kleinen Ritter den Schild aus der Hand riss.

Jetzt hat mein letztes Stündlein geschlagen, dachte Löwenzahn. Jetzt ist es aus mit mir!

Doch da geschah etwas, womit der kleine Ritter nun wirklich nicht gerechnet hatte. Denn plötzlich sackte der gewaltige Drache in sich zusammen, rollte sich ein und machte sich so winzig klein, wie sich ein riesiger Drache nur machen kann.
»Aua, aua, mein Zahn!«, schluchzte er. »Hundert Jahre Zahnweh, das kriegt den größten Drachen klein!«

Löwenzahn glotzte den Drachen ungläubig an. Wollte er ihn etwa doch nicht verspeisen? Zitternd erhob sich der kleine Ritter und nahm sein scharfes Schwert fest in die Hand. Er hätte das Untier jetzt ganz leicht besiegen können. Aber jemandem eins überziehen, der am Boden liegt und weint – das gehörte sich nicht, fand Löwenzahn.

»K-k-kann ich«, stotterte Löwenzahn, »dir irgendwie helfen?«
»Das würdest du tun?«, wimmerte der Drache. »Ich wäre dir ewig dankbar!«
Und ewig, das wusste Löwenzahn, war selbst für einen Drachen eine verdammt lange Zeit.
Der kleine Ritter überlegte eine Weile, wie er dem Drachen den Zahn ziehen könnte. Schließlich nahm er ein Seil, knotete das eine Ende um einen Felsblock, der nahe dem Abgrund lag ...

... und das andere Ende um den faulen Drachenzahn.

»Du musst den Felsen nur runterschubsen, dann bist du die Schmerzen los«, sagte er aufmunternd.

Der Drache warf ihm einen ängstlichen Blick zu. Vorsichtig schob er den Felsbrocken näher an den Abgrund heran. Noch ein Stückchen. Und noch ein Stückchen. Endlich kniff er die Augen zu und schnipste den Felsen in die Schlucht.

Es gab einen kurzen Ruck und der faule Zahn segelte in hohem Bogen hinterher. Der Drache heulte auf. Wie ein Verrückter kreischte er die wildesten Verwünschungen, die je ein Mensch gehört hatte. Bis ihm auffiel, dass es eigentlich gar nicht mehr so schrecklich wehtat. Vorsichtig betastete er mit seiner Zunge das Loch in seinem Maul und sagte endlich kurz und bündig: »Danke.«

Löwenzahn fand einige Heilkräuter in der Nähe und versorgte damit die Wunde.

»Hast du dir jemals die Zähne geputzt?«, keuchte er und schnappte nach Luft.

»Mmmmh, Minze!«, brummte die Bestie.

Da fiel Löwenzahn wieder ein, weshalb er eigentlich in die Drachenberge geritten war. Er dachte an Neidbert, an sein Dorf und an die Drachenschuppe und begann zu weinen.
»Aus mir wird nie ein richtiger Ritter! Hier läuft alles schief!«, schniefte er. »Anstatt dich zu besiegen, hab ich dir geholfen. So kann ich doch nicht nach Hause und zu Gierschlund zurück!«

»Gierschlund?«, fragte der Drache neugierig. »Neidbert von Gierschlund? So 'n Dicker? Den kenn ich. Vor ein paar Jahren ist er hier rumgeschlichen, hat sich eine meiner ausgefallenen Schuppen geschnappt und ist auf und davon, bevor ich ihm so richtig Beine machen konnte!«

Löwenzahn starrte den Drachen an.
»Ich bin dir was schuldig«, sagte der Drache. »Los, dem Hasenfuß werden wir's zeigen! Aufsitzen!«
Das treue Ross Sultanine war nicht leicht zu überreden, auf den Rücken eines Drachen zu klettern, aber schließlich hoben die drei ab und machten sich auf den Weg nach Hause.
Mit der Zeit fand Sultanine sogar Gefallen an der Fliegerei, denn wie alle Ritterrösser war sie natürlich schwindelfrei.

Als Gierschlund den riesigen Drachen mit Sultanine und Löwenzahn obendrauf sah, wurde er ganz grün im Gesicht.
Der Drache landete im Burghof des kleinen Ritters, und Löwenzahn rief Neidbert zu: »Hier bringe ich dir einen ganzen Haufen Drachenschuppen! Sogar mit einem echten Drachen drin!«

Da war es um Neidbert von Gierschlund geschehen. Er verlor augenblicklich den Verstand und rannte schreiend über alle Berge davon. Löwenzahn aber wurde zum richtigen Ritter ernannt und bekam nicht nur seine eigenen Ländereien zurück, sondern auch noch die seines gierigen Nachbarn.

Sofort stellte er diesen Unsinn mit dem Eigelb ab und die Leute konnten zum ersten Mal in ihrem Leben richtige Spiegeleier mit Dotter essen. Dann ließ Ritter Löwenzahn von Neidberts Gold, das nutzlos in den Kellern seiner Burg gelegen hatte, Brunnen bohren und Brücken bauen, Wolle weben und Ziegen züchten, sodass es den Bewohnern des Neidbert-Dorfes bald genauso gut ging wie den Löwenzahn-Leuten.

Von schlecht gelaunten Drachen hörte man in dieser Gegend übrigens nie wieder etwas.

Brigitte Weninger

Pauli
zieht aus

Mit Bildern von Eve Tharlet

Es war bereits Mittag, als Mama Kaninchen von der Futtersuche zurückkam. Mama war müde und froh, wieder daheim zu sein. Doch als sie den Bau betrat, dachte sie erschrocken: O nein!
Eine schöne Futterschüssel lag zerbrochen am Boden.
»Wer war das?«, rief Mama laut und ärgerlich.
Der große Max kam angerannt.
»Was ist los, Mama?«
»Schau dir diese Bescherung an! Wer hat die Schüssel hinuntergeworfen?«, fragte sie.
»Mama, du weißt, dass ich nie etwas zerschlagen und dann einfach fortlaufen würde!«, sagte Max.
»Ich glaube eher, das war unser wilder kleiner Pauli!«

Nun hoppelten Manni und Lina herein.
»Hallo, Mama! Fein, dass du schon da bist!«
Doch als sie Mamas zorniges Gesicht sahen, verstummten beide.
»Wer war das?« Mama zeigte auf die Scherben.
»Ich nicht!«, rief Lina, und Manni schüttelte den Kopf. »Das war bestimmt unser wilder kleiner Pauli!«

Als Papa Kaninchen nach Hause kam, berichteten ihm die Kinder gleich, was geschehen war:
»Schau, Papa! Pauli hat die schöne Schüssel zerbrochen!«
»O weh!« Papa Kaninchen seufzte.
»Unser kleiner Pauli ist zwar ein liebes und lustiges Kind – aber manchmal ist er zu übermütig und unvorsichtig!«

Von draußen konnte man Pauli singen und pfeifen hören – und schon stürmte er zur Tür herein.
»Hallo, hallo! Ich habe mir gerade ein wunderschönes neues Lied ausgedacht! Hört zu ...«
»Nein, hör DU lieber zu!«, unterbrach ihn Mama ärgerlich. Sie zeigte ihm die Scherben.
»Bestimmt hast du etwas zum Naschen gesucht und bist auf die Anrichte geklettert!«
»Nein, Mama ...«
»Hundert Mal habe ich dir schon gesagt, dass du das nicht tun sollst, weil dabei die Schüsseln hinunterfallen können!«
»Mama, hör doch ...«
»Nein, Pauli, ich will jetzt nichts hören! Sei still und geh hinaus! Ich bin im Moment so wütend auf dich, dass ich dich gar nicht sehen mag!«

Da trottete Pauli mit hängenden Ohren hinaus.
Hinter dem Bau setzte er sich ins Gras, legte den Kopf auf die Pfoten und begann bitterlich zu weinen.
Er hatte die Schüssel nicht zerbrochen! Wirklich nicht!
Aber Mama wollte ihm nicht einmal zuhören.
Pauli schluchzte.
Dann stampfte er trotzig auf: »Das ist gemein! Immer soll ich es gewesen sein! Keiner hat mich lieb! Weggehen soll ich, hat sie gesagt!«
Pauli schniefte und hob den Kopf. Weggehen?
Ja, das war die Lösung!

Ich werde in die große, weite Welt gehen. Dann werden alle bereuen, dass sie so gemein zu mir waren. Und ich werde erst wieder heimkommen, wenn ich ein starker, berühmter Kaninchenheld geworden bin. Da werden sie aber staunen!

Pauli sprang auf und schlich durch den Hintereingang in die Schlafkammer.
Er holte sein Kuschelkaninchen: »Komm, Nickel, wir gehen in die weite Welt hinaus!«
Pauli nahm auch die kleine Decke von Linas Puppenbett mit, sein Lieblingsbuch und das Holzschiff, das Papa ihm geschnitzt hatte.
Er steckte alles in seinen Kopfkissenbezug, nahm ihn wie einen Sack auf den Rücken und lief davon.

Pauli hoppelte über die Wiese, so schnell er nur konnte, und verschwand dann im Wald.
Er lief und lief, bis er zum Bach kam.
Am anderen Ufer war die große, weite Welt. Wie schön sie aussah!

Pauli setzte sich nieder, um ein wenig auszuruhen. Allmählich wurde es dunkel. Mama, Papa und die anderen werden mich bestimmt schon suchen!, dachte Pauli. Aber sie werden mich nicht mehr finden!

Pauli lachte zufrieden, stand auf – und ließ sich zu Tode erschrocken wieder hinfallen!

Ein riesiger grauer Schatten glitt lautlos über ihn hinweg und verschwand in der Dämmerung.
Pauli zitterte.
An den Uhu hatte er gar nicht gedacht, als er weglief.
Auch nicht an den Fuchs, an die Hunde oder an den kalten Winter ...

Pauli sah sich vorsichtig um, nahm seinen Sack auf den Rücken und rannte dann – hoppeldipoppel – den ganzen langen Weg wieder zurück bis zum Waldrand.
Dort zog er Nickel und die Puppendecke aus dem Sack, kuschelte sich ins Gras und wartete ...

Da hörte er sie rufen: »Pauli, wo bist du?«
Das war Max.
Pauli rührte sich nicht.
»Pauli! Pauli!«
Das war Mama – ganz nah!
Pauli machte die Augen fest zu.

»Mein lieber kleiner Pauli-Schatz! Ich bin so froh, dass ich dich wiedergefunden habe!«
Mama nahm Pauli in die Arme.
Da sah sie den Sack im Gras liegen.
»Wolltest du denn wirklich weglaufen?«, fragte Mama erschrocken.

Pauli nickte.
Eine dicke Träne kullerte über seine Wange.
Mama küsste sie fort.
Dann sagte sie: »Manni hat die Futterschüssel zerbrochen! Als du fort warst, hat er es zugegeben. Ich habe dich heute zu Unrecht gescholten. Bitte, Pauli – kannst du mir noch einmal verzeihen?«

»Ja, Mama!«, sagte Pauli. »Ich verzeihe dir!«
Sie umarmten sich.
»Aber dafür sollst du mich jetzt nach Hause tragen! Ich bin soooo müde ...«
Pauli gähnte.
»Einverstanden!«, lachte Mama. »Sitz auf!«
Pauli nahm seinen Sack auf den Rücken und Mama nahm Pauli auf den Rücken.
So marschierten sie heim, Mama, Pauli und Max.

»Pauli ist wieder da!« Alle freuten sich.
Nur Manni stand mit hängenden Ohren in der Ecke.

Pauli rutschte von Mamas Rücken, ging zu seinem kleinen Brüderchen und sagte: »Manni, du bist ein Schlingel! Aber ich will dir noch einmal verzeihen, wenn du mir versprichst, dass du so etwas nie wieder tust! Außerdem schenkst du mir heute die Hälfte von deinem Nachtisch! Einverstanden?«

»Einverstanden!«, lachte Manni, und sie gaben sich die Pfoten drauf. Dann setzte sich Familie Kaninchen zum Abendessen nieder. Alle hatten vom Herumlaufen und Suchen großen Hunger bekommen – und Pauli vom Weglaufen und Gefundenwerden.

Und weil sie ja nun eine Futterschüssel zu wenig hatten, aßen Pauli und Manni aus einem Schüsselchen – und stritten kein einziges Mal dabei!

Katja Reider

König Krümel und die Monsterbande

Mit Bildern von Betina Gotzen-Beek

Es war einmal ein König, der ließ all seine Untertanen zusammenrufen – das ging schnell, weil es nur neun an der Zahl waren – und sprach: »Liebe Leute, nehmt es mir nicht übel, aber ich habe keine Lust mehr zu regieren. Daher wollen wir heute meinen Nachfolger bestimmen. Also, wer von euch möchte König werden?«

»Ich würde es ja machen«, sagte der Hofnarr, »aber wer soll euch necken und ärgern, während ich regiere? Nachher gäb's nichts mehr zu lachen im Land ...! Nein, ich kann nicht König werden.«
Und das sahen alle ein.

»Ich würde es ja machen«, sagte die Köchin, »aber wer soll für euch kochen, backen und braten, während ich regiere? Sollen wir denn alle verhungern? Nein, ich kann nicht Königin werden.«
Und das sahen alle ein.
»Ich würde es ja machen«, sagte der Tischler, »aber wer soll euch Stühle und Bänke bauen, während ich regiere? Sollen wir denn alle auf dem Boden hocken? Nein, ich kann nicht König werden.«
Und das sahen alle ein.

So ging es fort. Bis zum Schluss nur ein kleiner Krümel übrig blieb, kaum größer als ein Handschuh. Der sagte: »Also, ich habe nichts weiter vor, ich könnte König werden!«
Und da waren alle froh, dass sie das Problem los waren.
So wurde der Krümel zum König ausgerufen und fing gleich an zu regieren.

Am ersten Tag ließ er das Schloss kunterbunt anmalen und das Dach mit Himbeerguss glasieren.

Am zweiten Tag ließ er überall Trampoline aufstellen und hüpfte von einem Zimmer zum anderen.

Am dritten Tag blieb er im Bett und ließ sich Kasperletheater vorspielen.

Am vierten Tag kam eine reitende Botin mitten in sein Schlafzimmer geprescht.
»Nanu«, sagte König Krümel. »Was gibt es denn so Wichtiges, dass du mich beim Regieren störst?«
»Oh, mein König, vor dem Schlosstor steht eine Bande schrecklicher Monster. Die wollen mit uns kämpfen!«
»Für so was hab ich im Moment keine Zeit«, sagte König Krümel. »Lad sie erst mal zu Kakao und Kuchen ein. Vor einer Keilerei muss man sich stärken.«

Das sah die Monsterbande ein. Also wurde sie in den Thronsaal geführt und die Köchin tischte flugs Schokoladentorte und Erdbeerkuchen auf. Anschließend ließen die Monster sich Mandelkringel und Mokkatorte schmecken, schwelgten in Sahneröllchen und Erdnussplätzchen.

Und weil es allzu köstlich war, verdrückten sie auch noch den
Quarkstrudel und sämtliche Kirschkrapfen.
Dann waren sie pickepackesatt.

»Jetzt wird es aber Zeit für unsere Keilerei«, nuschelte der Anführer und stapfte zur Tür. Aber sein Bauch war so dick geworden, dass er nicht mehr durch den Türrahmen passte. Die anderen schoben und drückten, knufften und pressten. Es half nichts: Keiner von ihnen passte mehr durch die Tür.

»Was machen wir denn jetzt?«, fragten die Monster verzweifelt.

»Tja, da müsst ihr wohl abspecken!«, sagte König Krümel und ließ den Hofnarren rufen.
Der nahm seine Leier zur Hand, stimmte ein Lied an und bald begannen alle zu tanzen und zu singen. Sie tanzten den ganzen Nachmittag und gegen Abend waren die Bäuche der Monster beträchtlich geschrumpft.

»So!«, sagte der Anführer und stampfte mit großen Schritten zur Tür. »Dann kann es ja endlich losgehen.«
Aber er täuschte sich. Denn unterdessen hatte der Tischler den Türrahmen noch ein Stückchen verkleinert. So passten die Monster noch immer nicht hindurch.

»Was machen wir denn nur?«, jammerte der Anführer. »Wir sollten doch pünktlich zu Hause sein. Das gibt wieder schrecklichen Ärger ...!«

»Springt doch einfach aus dem Fenster«, riet König Krümel, »das ist breit genug. Und unten ist gleich der Schlossgraben. So nehmt ihr noch ein erfrischendes Bad vor dem Kampf.«
Damit waren alle einverstanden. Flugs kletterte die ganze Bande aufs Fenstersims und sprang hinunter in den Schlossgraben. Aber als sie prustend wiederauftauchten, waren sie von Kopf bis Fuß mit Schlamm bedeckt!

»Na, so was«, rief König Krümel zu ihnen hinunter. »Ich wusste gar nicht, wie modrig das Wasser geworden ist. Ich werde ein ernstes Wort mit dem Gärtner sprechen müssen.«
»Aber so dreckig können wir uns doch nirgends blicken lassen!«, jammerte die wilde Bande.
»Kein Problem«, sagte König Krümel, »wir werden eure Kleider waschen. Ihr müsst euch nur ausziehen!«

Und so hockte die ganze Schar kurz darauf splitterfasernackt auf der Ofenbank.

»W-w-wie lange wird es denn dauern?«, fragten die Monster mit klappernden Zähnen.

»Oh«, meinte König Krümel, »manchmal trocknen die Sachen hierzulande sehr, sehr langsam. Oder noch schlimmer:
Sie verschwinden spurlos in unserer Wäscherei, werden einfach zu Brei zerkocht. Ja, ja, das kommt schon mal vor …«

»D-d-das könnt ihr doch nicht machen!«, stotterte der Anführer entsetzt.

»Hmm«, machte der König Krümel, »ich könnte natürlich bei der Wäscherei ein gutes Wort für euch einlegen – unter einer Bedingung!«
»Schon bewilligt!« Die Bande nickte eifrig. »Wenn wir nur nicht nackt nach Hause marschieren müssen.«
»Also«, sagte König Krümel, »wir sammeln eure Schilde und Knüppel ein, machen damit ein großes Feuer – und dann brutzeln wir uns in der Glut etwas Leckeres zum Abendessen!«
»Einverstanden!«, sagte der Anführer. »Was gibt's denn Gutes?«
Und so wurde es doch noch ein gemütlicher Abend.

Schließlich hieß es Abschied nehmen.
»Das nächste Mal«, rief die wilde Bande, »kommt ihr aber zu uns, ja?«
Dann zogen sie ab.
»Puh«, sagte König Krümel zum Hofnarren, »so ein Besuch ist doch recht anstrengend! Lass mir eine Wanne mit Limonade ein und wir lesen uns gegenseitig Märchen vor.«

Maja von Vogel

Prinzessin Paula
auf Drachenjagd

Mit Bildern von Nina Hammerle

»Ich will endlich mal was erleben«, sagt Prinzessin Paula. »Immer nur mit goldenen Kugeln spielen und blöde Frösche küssen ist mir viel zu langweilig. Darum habe ich beschlossen, einen Drachen zu erlegen.«

PP
1
2

»Das könnte schwierig werden«,
gibt Papa König zu bedenken.

»Soviel ich weiß, sind die Drachen schon seit einiger Zeit ausgestorben.«

»Ach was, ich werde bestimmt noch einen auftreiben«, sagt Prinzessin Paula und zieht los.

Sie läuft bis zu einem großen See mit vielen Fischerbooten.
»Wohnt hier in der Nähe vielleicht ein großer, gefährlicher Drache?«, fragt sie einen Fischer. »Am besten einer mit mehreren Köpfen, der Feuer spuckt, dass es nur so zischt.«
Der Fischer schüttelt den Kopf. Doch als er Paulas enttäuschtes Gesicht sieht, sagt er: »Probier's doch mal im Zauberwald. Vielleicht hast du ja Glück und findest dort noch einen.«

Das lässt sich die Prinzessin nicht zweimal sagen und sie macht sich sofort auf den Weg. Im Zauberwald ist es dunkel und still. Die Bäume stehen so dicht, dass sich Paula mit ihrem Schwert den Weg frei kämpfen muss.

Mitten im tiefsten Wald gelangt sie plötzlich auf eine Lichtung. Und vor dem Eingang einer Höhle sitzt ein kleiner, grasgrüner Drache. Paula kann ihr Glück kaum fassen. Endlich hat sie einen Drachen gefunden! Er ist zwar nicht besonders groß und hat auch nur einen Kopf, aber was soll's. Besser als nichts.

»Nimm dich in Acht!«, ruft die Prinzessin und schwenkt ihr Schwert. »Jetzt hat dein letztes Stündlein geschlagen, böser Drache!«
Der Drache reißt die Augen auf, quiekt ängstlich, flitzt in seine Höhle und knallt die Tür hinter sich zu.

Prinzessin Paula lässt das Schwert sinken.
»He, komm sofort wieder raus!«, ruft sie ärgerlich.
»So geht das nicht! Wie soll ich dich denn erlegen, wenn du dich in deiner Höhle verkriechst?«
Aber der Drache denkt gar nicht daran, seine sichere Höhle wieder zu verlassen, und schaut nur vorsichtig hinter der Gardine hervor.

DRACHEN LACHEN
1000 SOCKEN
GLÜCK

»Na gut, dann komme ich eben rein«, murmelt Paula und betritt die Höhle.
Der Drache hat sich hinter dem Regal versteckt und zittert wie Wackelpudding.
»G...g...geh weg!«, stottert er. »W...w...was willst du von mir?«

Grrrrr...

»Ich will dich erlegen«, erklärt Paula.
»Weil Drachen böse und gefährlich sind.«
Sie schaut sich den Drachen genauer an. Eigentlich sieht er nicht besonders gefährlich aus. Eher ängstlich und ein bisschen traurig.

DRACHEN LACHEN
1000 SOCKEN
GLÜCK

»Sag mal, wohnst du eigentlich
ganz alleine hier?«, fragt Paula.
Der Drache nickt. »Ich bin der letzte Drache im
Zauberwald. Alle anderen sind schon ausgestorben.«
»Wie schrecklich!«, ruft Paula und legt ihr Schwert zur Seite. »Was
hältst du davon, wenn ich dich in unser Schloss mitnehme?
Ich könnte dir einen Job als königlicher Kerzenanzünder besorgen.«

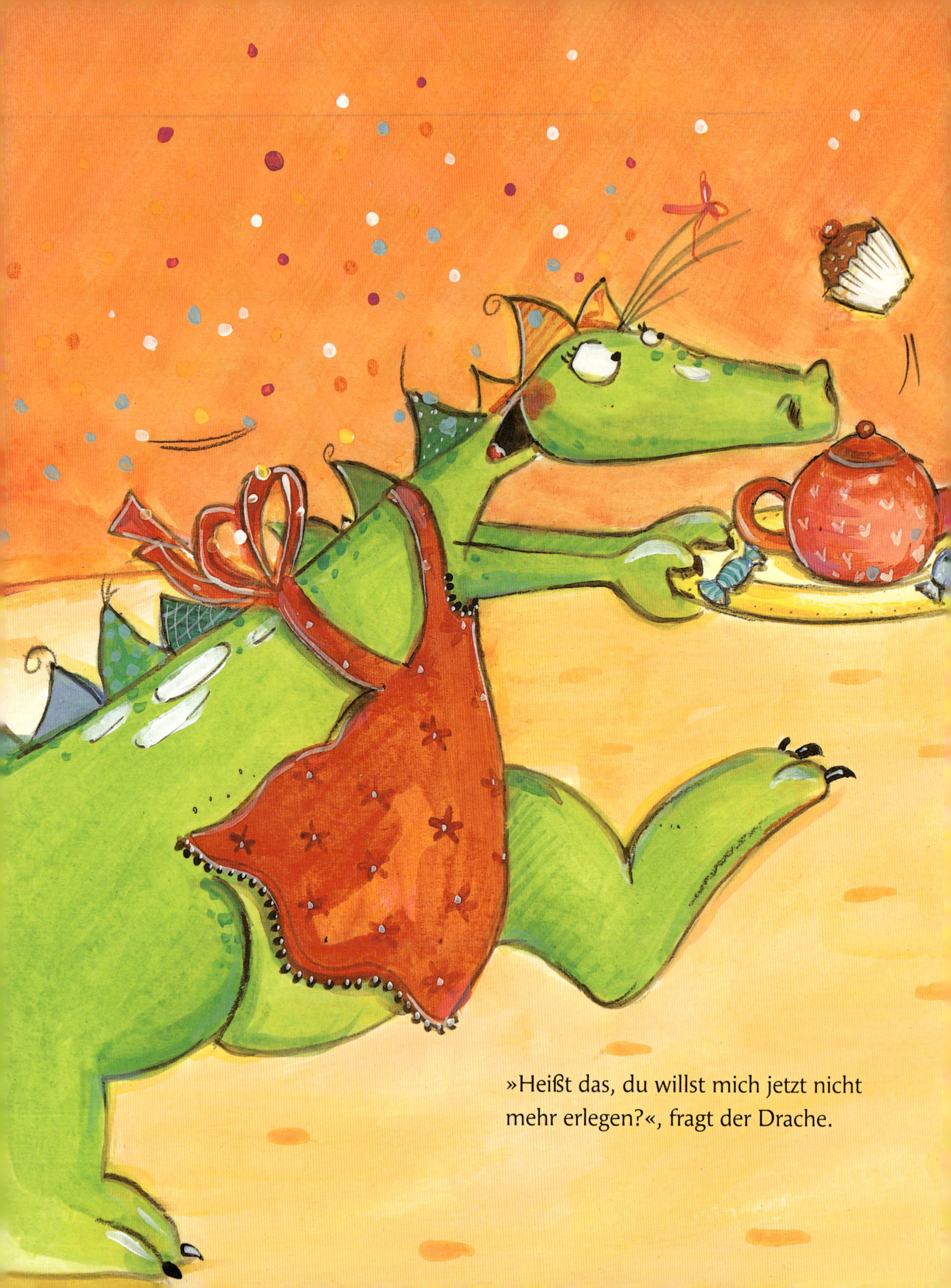

»Heißt das, du willst mich jetzt nicht mehr erlegen?«, fragt der Drache.

Prinzessin Paula schüttelt den Kopf.
»Nö. Nette Drachen zu erlegen macht überhaupt keinen Spaß.«
»Prima!«, sagt der Drache und kommt hinter dem Regal hervor. »Dann können wir ja jetzt eine Tasse Tee zusammen trinken. Schließlich müssen wir auf meinen neuen Job als Kerzenanzünder anstoßen!«

Und so wird Prinzessin Paulas Drachenjagd doch noch ein voller Erfolg.

Lars Klinting

Kasimir backt

Mit Bildern des Autors

Wer klopft denn da an
Kasimirs Fenster?

Es ist Frippe. Er will Kasimir gratulieren. Der hat nämlich heute Geburtstag.

Kasimir freut sich sehr. Er will Frippe etwas anbieten. Aber was?

Frippe hat doch dauernd Hunger. »Wir backen einen Kuchen!«

Das ist Kasimirs Küche. Hier gibt es
viele Töpfe, Holzlöffel und Schalen.

Das meiste hat Kasimir von seiner Großmutter bekommen. Die konnte sehr gut kochen. Aber wonach suchen sie eigentlich?

Natürlich nach Großmutters altem Notizbuch! Darin hat sie alle Rezepte aufgeschrieben und darin steht auch, wie man Frippes Lieblingskuchen backt.Bevor man mit dem Backen anfängt, sollte man das Rezept genau durchlesen. Und dann nachgucken, ob auch alle Zutaten im Haus sind, die man braucht.

Zuerst holt Kasimir Butter.
Die lässt er in einem
Stieltopf schmelzen.

Dann holt er ein Paket
mit Paniermehl

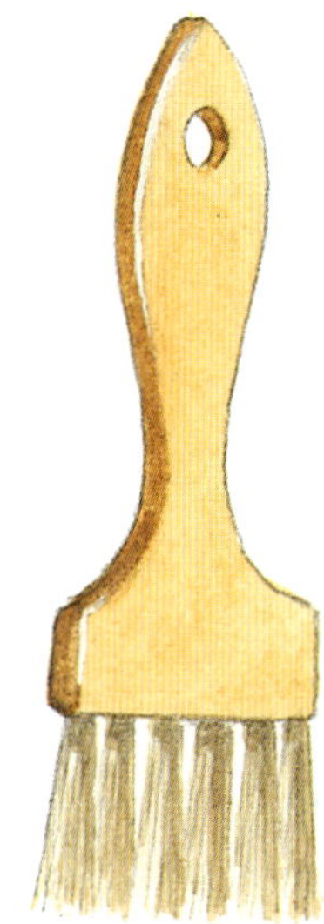

den Pinsel

und die Kuchenform.

Die Kuchenform pinselt Kasimir mit ein wenig geschmolzener Butter ein. Frippe soll die Form gut mit Paniermehl einreiben. Erst kippt er ein bisschen hinein. Dann schwenkt er die Form so, dass sich die Krümel überall verteilen und an der Butter kleben bleiben.
Inzwischen hat Kasimir den Backofen eingeschaltet.

Dann holt Kasimir Zucker

Eier

und die alte Rührschüssel. (Er braucht bald wirklich eine neue!)

Kasimir schlägt die Eier in die Schüssel. Frippe schüttet den Zucker dazu. Jetzt holt Kasimir den Elektromixer und schlägt die Eier und den Zucker. Er rührt lange mit dem Mixer, bis die Teigmasse schaumig und fast weiß ist.

Jetzt holt Kasimir
Backpulver, Vanillezucker und Mehl …

… und vermischt alles
sorgfältig in einer Schale.

Frippe holt den
Holzlöffel und die Milch.

Zuerst verrührt Kasimir die Milch und die geschmolzene Butter mit der Eischaummasse.
Dann schüttet Frippe das Mehl, den Vanillezucker und das Backpulver aus der Schale dazu. Kasimir verrührt alles zu einem glatten Teig.

Kasimir und Frippe füllen
den Teig in die Kuchenform.

Etwas ist übrig geblieben in
der Schüssel. Lecker, findet
Frippe!

Jetzt kommt der Kuchen
in den Backofen.
Vorsicht! Heiß!

Kasimirs Backofentür hat eine Glasscheibe. Durch die kann man zugucken, wie der Kuchen gebacken wird.
»Genau wie im Fernsehen«, sagt Frippe.
Kasimir stellt den Wecker ein, damit sie nicht vergessen, wenn der Kuchen fertig ist.

Aber wie es hier aussieht!
Am besten, sie waschen sofort ab.
Das schaffen sie, bevor der Kuchen fertig ist.

Jetzt ist der Kuchen fertig. Er muss noch eine Weile abkühlen, bevor sie ihn auf einen Teller stürzen können.

Frippe breitet ein Stück Tortenpapier über den Kuchen ...

... dann legt er einen Teller auf das Papier ...

... und jetzt wird es schwer: Kasimir dreht alles um, sodass die Kuchenform zuoberst liegt.

Simsalabim! Guck mal, wie schön der Kuchen geworden ist.

Jetzt holt Kasimir ein Tischtuch, Saft, Gläser, Teller, Servietten und ein Messer, mit dem er den Kuchen schneiden will. Dann decken sie den Tisch. Aber was ist das? Es hat an der Tür geklingelt.

»Zum Geburtstag viel Glück, zum Geburtstag viel Glück …«
»Schnell, Frippe, stell mehr Teller und Gläser auf den Tisch«, sagt Kasimir.

Wie gut, dass sie einen Kuchen gebacken haben! Er hat für alle gereicht und prima geschmeckt.

Kasimirs Kuchen

80 g geschmolzene Butter oder Margarine
200 g Zucker
2 Eier
200 g Weizenmehl
2 Teelöffel Backpulver
2 Teelöffel Vanillezucker
⅛ Liter Milch
(Paniermehl für die Form)

1. Die Butter in einem Topf schmelzen lassen.
2. Die Kuchenform mit Butter einpinseln.
3. Paniermehl in der Form gleichmäßig verteilen.
4. Eier und Zucker schaumig schlagen.
5. Mehl, Backpulver und Vanillezucker in einer kleinen Schüssel mischen.
6. Milch und die geschmolzene Butter unter die Eischaummasse rühren.
7. Jetzt Mehl, Backpulver und Vanillezucker zugeben und alles zu einem glatten Teig verrühren.
8. Den Teig in die Form füllen und circa 40 Minuten bei 180° C backen.

Udo Weigelt

Der kleine Drache IGNAZ

Hexenspuk im Zauberwald

Mit Bildern von Rike Janßen

Der kleine Drache Ignaz machte einen Morgenspaziergang im Zauberwald Rundumdich. Dabei sang er ein fröhliches Drachenwanderlied, was ungefähr so schön klang wie quietschende Reifen.
Als er am Waldsee vorbeikam, hielt die Seenixe Gundi sich die Ohren zu und rief: »Wie kann ein so kleiner Drache nur so einen Krach machen?«
»Oh … tut mir leid«, sagte Ignaz, »ich hatte einfach so gute Laune!«
»Das ist keine Entschuldigung!«, fauchte Gundi.

Beim Weitergehen summte Ignaz lieber nur noch leise vor sich hin. An der Blutbuche machte er halt. Hier wohnte der Vampir Minifranz, den der kleine Drache besuchen wollte. »Guten Morgen, Minifranz«, rief er beim Eintreten und stieß dabei versehentlich eine Blutkonserve um.

»Donner und Fledermaus!«, rief Minifranz. »Pass doch gefälligst mit deinem Schwanz auf! Und mit deinen Flügeln! Wie kann ein so kleiner Drache bloß so viel Unordnung machen?«

»Es tut mir leid, das wollte ich nicht«, sagte Ignaz verlegen.

»Das ist keine Entschuldigung!«, knurrte Minifranz.

Ignaz verabschiedete sich eilig von Minifranz. Vielleicht hatte er beim Elfenmädchen Glitzina ja mehr Glück? Doch auch hier erging es ihm nicht viel anders.

»Wie kann ein so kleiner Drache schon so viel Qualm und Dampf machen?«, rief Glitzina. »Puh, man sieht ja die Hand vor Augen nicht mehr!« Dann tat sie auch noch so, als müsste sie schrecklich husten.

»Ich bin nun mal ein Drache«, schnaubte Ignaz.
»Das ist keine Entschuldigung!«, sagte Glitzina.

Jetzt hatte Ignaz aber wirklich genug. Er rannte zur großen Lichtung, stellte sich genau in die Mitte und brüllte mit aller Kraft:

»Was ist denn heute bloß los? Was habt ihr denn alle? Und überhaupt! Ich bin eben ein Drache und mache Dampf und Qualm und manchmal stoßc ich etwas um, und ich singe, wenn ich gute Laune habe! So wie jetzt zum Beispiel!«
Dann schrie er ein Drachen-Gute-Laune-Lied.

»Also, wirklich gut gelaunt klingst du ja nicht«, sagte da jemand. Es war die Hexe Donna Littchen, die eben vorbeigesaust kam.

»Pah! Wie auch!«, grollte Ignaz.

Und er erzählte, was passiert war.

»Alles wäre ganz anders, wenn ich schon richtig Feuer spucken könnte!«, sagte er schließlich. »Dann würde es keiner mehr wagen, mir etwas zu verbieten.«
Bittend schaute er Donna Littchen an. »Kannst du mir dabei nicht helfen?«

»Das würde ich ja gerne«, sagte Donna Littchen. »Allerdings weiß ich nicht so genau, wo man bei einem Drachen das Feuer anmacht.«
Sie untersuchte Ignaz von oben bis unten. Sie schaute tief in sein Maul. In seine Nase. Sogar in seine Ohren.
»Puh!«, sagte sie dann. »Es tut mir leid, aber ich glaube, ich kann dir leider nicht helfen beim Feuerspucken. Wahrscheinlich bist du dazu einfach noch zu kl…«

... zu klein!, wollte Donna Littchen eigentlich sagen, aber stattdessen räusperte sie sich schnell. Und da hatte sie einen Einfall.

»Weißt du was?«, rief sie. »Ich glaube, Minifranz und die anderen haben einfach nur vergessen, wie es ist, wenn man ... ähm ... noch nicht so groß ist. Aber das kann ich ändern!«
Sie schwang sich auf ihren Besen und flog hoch hinauf bis über die Wipfel der Bäume.
»Simsakadabra!«, rief sie, warf ihren Hut in die Luft und machte damit sogar einen Regenbogen.
»Alles klar!«, rief sie dann. »Viel Spaß noch, Ignaz!«

Ignaz sah sich um. Nichts hatte sich verändert. Doch da hörte er eine sehr helle Stimme, die ohne Unterbrechung »Ogottogottogott!« piepste, zwischendurch auch mal: »Au weia!«
»Wer ist denn da?«, fragte Ignaz misstrauisch.
»Na, ich! Na, hier!«, piepste die Stimme.
Als Ignaz genauer hinsah, erkannte er das Elfenmädchen Glitzina. Sie war nur plötzlich so winzig, dass sie sogar auf Ignaz' Nase gepasst hätte. Aufgeregt flatterte sie hin und her und verteilte dabei Wolken von Elfenstaub, sodass Ignaz niesen musste.

»Kannst du nicht aufpassen mit deinem Elfenstaub?«, fragte Ignaz. »Das kitzelt in der Nase!«
»Oh, das tut mir leid«, sagte Glitzina, »ich bin bloß so schrecklich aufgeregt!«
»Das ist keine Entschuldigung!«, sagte der kleine Drache und verbiss sich das Lachen.

»Klatsch!«, machte es leise. Der Vampir Minifranz war mit Glitzina zusammengestoßen.
»Minifranz! Pass doch auf, wo du hinfliegst!«, rief Ignaz. »Musst du denn so wild durch die Gegend toben?«

»Es ist ja alles so schrecklich!«, ächzte Minifranz. »Auf einmal ist alles so groß und ich bin so klein und da hab ich wohl nicht aufgepasst …«
»Das ist keine Entschuldigung!«, sagte Ignaz streng.
»Aber jetzt muss ich weiter, ich will noch zu Gundi. Passt gut auf euch auf, ihr Kleinen, spielt nicht so wild und erkältet euch nicht!«

Als Ignaz am See ankam, wollte gerade ein Frosch nach der winzigen Seenixe schnappen.

»Hilfe!«, kreischte sie. »Zu Hilfe, schnell!«

Der kleine Drache holte tief Luft und blies den Frosch einfach weg.

»Warum schreist du denn so?«, fragte er. »Davon tun einem ja die Ohren weh!«

»Oh, das tut mir leid!«, sagte Gundi. »Und vielen Dank!«

»Ach, schon gut«, sagte Ignaz großzügig.

Minifranz und Glitzina kamen auch herbeigeflattert und setzten sich zu Gundi auf ein Seerosenblatt.

»Warum sind wir bloß so klein?«, jammerte Gundi. »Und warum bist du so groß, Ignaz?«

»Das liegt bestimmt am Wetter«, sagte Ignaz ernsthaft. »Vorhin gab es ja sogar einen Regenbogen!«

»Ich will aber nicht so klein sein!«, sagte Glitzina.
»Es ist viel anstrengender, als ich gedacht habe!«
»Das stimmt«, seufzte Gundi, und Minifranz nickte.
»Ach, manchmal hat es auch Vorteile«, sagte Ignaz. »Ich lasse mir jedenfalls noch ein bisschen Zeit mit dem Großwerden.«

Er zwinkerte Donna Littchen zu, die auf einem Ast im Baum saß.

Die Hexe machte wieder einen Regenbogen, rief »Abralabim!« und im nächsten Moment fielen Gundi, Glitzina und Minifranz ins Wasser. Sie waren viel zu groß für das Seerosenhlatt geworden.

»Huch!«, machte Ignaz und riss die Augen auf. »Müsst ihr denn so herumplanschen und mich nass spritzen? Könnt ihr nicht ein bisschen aufpassen?«

Die anderen waren ganz verlegen.

Aber der kleine Drache grinste. Er stieß ein paar Rauchwölkchen aus und begann, ein Drachen-Gute-Laune-Lied zu summen.

Hedwig Munck

Der kleine König

Keine Angst, kleine Prinzessin!

Mit Bildern der Autorin

»Wollen wir zu Grete in den Pferdestall gehen?«, fragt der kleine König seine Cousine. Die kleine Prinzessin ist nämlich heute zu Besuch.
»Ta waren wir toch schon so oft!«, sagt sie. »Tein Schloss ist so kroß, ich hap noch länkst nicht alles kesehen!«
»Dann gehen wir ins Turmzimmer und verkleiden uns«, schlägt der kleine König vor.

Das gefällt der kleinen Prinzessin. Im Turmzimmer steht eine große Truhe mit alten Kleidern und Stoffen. Damit kann man herrlich spielen. Doch plötzlich macht die kleine Prinzessin einen Satz nach hinten.
»Iiih!«, kreischt sie. Genau vor ihrer Nase lässt sich eine Spinne vom Dachbalken herunter.

Der kleine König kichert. »Fürchtest du dich etwa vor Spinnen?«, fragt er.
»Tas tue ich nicht!«, behauptet die kleine Prinzessin. Aber sie will jetzt doch lieber woanders spielen.
»Ist gut«, sagt der kleine König. »Dann komm mit in den Schlosskeller.«
Erleichtert läuft die kleine Prinzessin hinter ihm die Treppen hinunter.
»Guck mal, was ich kann!«, ruft der kleine König im Vorratskeller und balanciert einen Apfel auf der Stirn.
»Tas kann ich auch!«, sagt die kleine Prinzessin.
Doch plötzlich lässt sie den Apfel fallen.
»Uuuh!«, ruft sie entsetzt. »Hast tu tas kesehen? Mir ist eine Maus üper ten Fuß kelaufen!«

»Du fürchtest dich also doch!«, sagt der kleine König.
»Solche Krappeltiere finte ich epen eklik«,
erklärt die kleine Prinzessin.
»Na gut. Komm mit in den Garten«,
sagt der kleine König. »Dort können wir
Verstecken spielen.«

Der kleine König sucht zuerst. Er findet die Cousine hinter der roten Gartenbank. Dann ist die kleine Prinzessin dran.
»Ich komme!«, ruft sie.
Vom kleinen König ist nichts zu sehen. Die kleine Prinzessin sucht hinter den Bäumen und im Pferdestall. Allmählich wird es dunkel. Auf den Kieswegen hallen ihre Schritte und seltsame Schatten huschen vorbei.
Da springt der kleine König aus dem Gebüsch.
»Buh, ich bin ein Gespenst!«, ruft er.
Die kleine Prinzessin schreit auf: »Aaah!«

»Hast du wirklich Angst im Dunkeln?«, fragt der kleine König.
»Na ja«, flüstert die kleine Prinzessin. »Ankst hap ich nicht, aper es ist toch ein pisschen unheimlich hier!«
Der kleine König überlegt.
»Wenn es dir überall unheimlich ist, können wir ja nirgends spielen«, sagt er.
Doch dann hat der kleine König eine Idee. »Oder doch! Komm mal mit!«, sagt er und läuft zum Schuppen.

Dort ist es schummrig. Die kleine Prinzessin schaut sich vorsichtig um.
»Warte, wo habe ich es denn«, murmelt der kleine König und wühlt in einer Truhe. »Da ist es ja! Hier, kleine Prinzessin. Jetzt musst du dich nie mehr gruseln!«
Er schenkt der kleinen Prinzessin eine Taschenlampe. »Damit kannst du besser sehen!«
Außerdem bekommt sie eine kleine Wasserspritze. »Damit kannst du alle frechen Krabbeltiere verjagen!«
Zuletzt überreicht der kleine König seiner Cousine noch eine Trillerpfeife.
»Unt wofür ist tie?«, fragt die kleine Prinzessin.
»Damit kannst du mich immer zu Hilfe rufen«, verspricht der kleine König.
»Tanke, tas ist wirklich liep von tir«, sagt die kleine Prinzessin.

Auf dem Weg zurück zum Schloss hört die kleine Prinzessin ein Geräusch. Und etwas hat ihren Arm gestreift! Blitzschnell schaltet sie die Taschenlampe ein. Sie spritzt Wasser in alle Richtungen und trillert mit ihrer Trillerpfeife.

»Halt, halt«, ruft der kleine König. »Willst du mein Nachthemd zu Tode erschrecken?«

Da muss die kleine Prinzessin lachen.

»Tu pist kanz schön mutik, kleiner Könik«, sagt sie. »Kipt es tenn kar nichts, vor tem es tir kraust?«
»Also, wenn es dunkel ist, raschelt und krabbelt, dann fürchte ich mich nicht«, sagt der kleine König. »Aber es gibt etwas viel Schlimmeres im Schloss und davor habe ich schon ein bisschen Angst.«
»Ja? Was ist tas tenn?«, fragt die kleine Prinzessin.

»Ich habe Angst vor ... vor dem wilden Wu!«, gesteht der kleine König, während sie zurück zum Schloss gehen. »Der heult und jault! Er saust immer im Kreis herum und bringt alles zum Wackeln – das ist furchtbar!«
»Unt wo ist tieser Wu?«, fragt die kleine Prinzessin neugierig.
»Na, hier, mitten im Schloss, neben der Küche!«, antwortet der kleine König. »Und zwar noch gar nicht so lange!«
»Lass mich mal kucken!«, fordert die kleine Prinzessin und folgt dem kleinen König durch die Küche in die Wäschekammer. Vor der Waschmaschine bleiben sie stehen.
»Da drin wohnt er!«, erklärt der kleine König. »Pass auf, gleich kommt er.«

Die kleine Prinzessin schüttelt den Kopf.
»Also, vor teinem Wu fürchte ich mich pestimmt nicht!«, sagt sie. »Lass ten nur kommen.«
Zusammen beobachten sie die Waschmaschine, in der sich harmlos plätschernd die Wäsche dreht. Dann wird das Wasser abgepumpt. Und nun geht es tatsächlich los! Es rumpelt und pumpelt und heult und dröhnt.

»Ist tas ter Wu?«, schreit die kleine Prinzessin.
»Ja!«, brüllt der kleine König zurück.
Da hört die Maschine auf zu rumpeln. Stattdessen poltert es jetzt in ihrem Innern.
»Hörst tu tas auch, kleiner Könik?«, ruft die kleine Prinzessin. »Tas ist jetzt aper nicht mehr ter Wu!«
»Nicht?«, fragt der kleine König. »Wer denn dann?«
»Na, ter Klopfer!«, sagt die kleine Prinzessin.

»Ter Klopfer will ten Wu verhauen«, erklärt die kleine Prinzessin, »unt tann jakt er ihn tavon.«
»Also so was«, sagt der kleine König erleichtert. »Dann heult der Wu nur, weil er verhauen wird, der Arme!«
Und nun hat die kleine Prinzessin eine gute Idee. Sie wühlt lange in der Holzkiste, die in einer Ecke der Wäschekammer steht. Endlich hält sie ein Klötzchen in die Höhe.

»Tas ist tie Lösunk«, ruft sic fröhlich. »Komm, kleiner Könik, hilf mir mal! Tieser Zauperkeil muss jetzt nämlich unpetinkt unter tie Waschmaschine!«
Mit großer Anstrengung kippt der kleine König die Maschine nach hinten. Schnell schiebt die kleine Prinzessin den Keil unter den rechten Fuß der Waschmaschine. Und – oh Wunder – schon rumpelt es nicht mehr. Die Maschine schnurrt so friedlich wie das Kätzchen Tiger. Der kleine König atmet auf.

»Wus wohnen üprikens nur in Maschinen, tie schief stehen«, sagt die kleine Prinzessin. »Unt wenn man sie wieter kerate stellt, tann verschwinten tie Wus.«

In diesem Augenblick klappert draußen der Mülleimerdeckel.

»Hör mal«, sagt der kleine König, »ich glaub, jetzt hat er ein neues Zuhause!«

»Hm«, macht die kleine Prinzessin. »Tann muss er aper auch einen anteren Namen krieken.«

»Wie soll er denn heißen?«, fragt der kleine König.

»Wie wär's mit Müllmän?«, sagt die kleine Prinzessin und kichert. »Weil er nämlich kleine Könike kerne mit Pananenschalen und anteren Apfällen pewirft.«

»Das findest du wohl lustig!«, ruft der kleine König empört. »Oder ... willst du mich etwa auf den Arm nehmen?«
Die kleine Prinzessin kichert noch mehr und blinkt den kleinen König mit der Taschenlampe an. Aber der holt sich nun auch eine Lampe, eine Trillerpfeife und eine Wasserspritze. Und dann jagt er seine freche Cousine quer durch das Schloss, treppauf und treppab.
»Ich bin eine Riesenspinne und will dich fressen!«, schreit er.
Die kleine Prinzessin trillert auf ihrer Pfeife. »Unt ich pin ter wilte Wu!«, heult sie und flitzt davon.

Die königliche Riesenspinne und die wilde Wu-Prinzessin machen bei ihrer Jagd durch das Schloss so einen Spektakel, das sich alles, was zwei, vier oder mehr Beine hat, im hintersten Winkel versteckt – und sich vor morgen früh auch nicht mehr blicken lässt!

Petra Maria Schmitt

Finn

der kleine Wikinger

Mit Bildern von Christoph Schöne

Der flinke Finn durfte zum ersten Mal mit zur See fahren. Eigentlich war er noch zu klein, aber er hatte ein ganz besonderes Talent.

Er konnte so flink Zwiebeln schneiden, dass sie keine Chance hatten, in seinen Augen zu brennen. Kaum in seiner Hand, waren sie – schwups! – auch schon im Kessel. Und da Zwiebeln das Lieblingsgemüse der Wikinger waren, wurden Berge davon gegessen. Wer hätte also besser in die Küche gepasst als der flinke Finn?

Aber Finn hatte andere Pläne: »Ich will ein richtiger Wikinger sein und nicht bloß ein Küchenjunge!«
»Sei froh, dass du nur ein Küchenjunge bist«, sagte der einarmige Alvar. »So einem tut der Gemeine Karl bestimmt nichts!«

Der flinke Finn horchte auf: »Der Gemeine Karl? Wer ist denn das?«
»Was? Du kennst den Gemeinen Karl nicht?«, fragte Alvar entsetzt.
Nun wurde der flinke Finn verlegen: »Äh, nein. Ist das schlimm?«

»Und ob das schlimm ist! Warum, meinst du, habe ich nur einen Arm, he? Den anderen hat der Gemeine Karl! Der gefährlichste Wikinger auf See! Er jagt den anderen Schiffen ihre Beute ab, statt sie sich selbst zu verdienen! Und wehe, du kommst ihm in die Quere!«

»Ich habe keine Angst!«, antwortete der flinke Finn mutig.
»Das haben schon ganz andere gesagt! Vielleicht lernst du ihn früher kennen, als dir lieb ist!«

Von diesem Moment an sah der flinke Finn immer wieder hinaus aufs Meer. Doch vom Gemeinen Karl war weit und breit nichts zu sehen. Und als Finn ihn schon fast für ein Wikingermärchen hielt, tauchte der Gemeine Karl plötzlich auf.

Die Mannschaft versuchte, ihn aufzuhalten. Doch gegen den Gemeinen Karl hatten sie keine Chance. Ruck, zuck lagen alle Männer gefesselt an Deck. Auch der flinke Finn.
»Hahaha«, lachte der Gemeine Karl. »Hab ich euch!«

»Lass uns frei!«, jammerten die Männer, die Angst hatten, gefesselt zurückgelassen zu werden.

»Na gut!«, sagte er. »Wenn einer es schafft, mich im Kampf zu besiegen, dann lasse ich euch frei! Und obendrein bekommt derjenige noch meine ganze Beute!«
Der Gemeine Karl wusste natürlich genau, dass keiner den Mut haben würde, gegen ihn anzutreten.

Doch plötzlich hörten alle Finns zarte Stimme: »Ich kämpfe gegen dich!« »Was, du?! Du halbe Portion willst gegen mich kämpfen?« Der Gemeine Karl konnte sich vor Lachen kaum halten.

»Bist wohl zu feige?«, fragte Finn und sah Karl direkt in die Augen.
»Feige?«, donnerte es zurück. »Macht ihn los!«

Finns Herz klopfte wie verrückt. Er nahm all seinen Mut zusammen und stellte sich vor seinen Gegner.
Der Gemeine Karl war groß und stark – ein richtiges Muskelpaket. Der flinke Finn dagegen war klein, dünn und hatte eine Küchenschürze um den Bauch. Die am Boden liegende Mannschaft traute sich gar nicht, hinzusehen. Auch der einarmige Alvar schloss die Augen.

Da beugte sich der Gemeine Karl hinunter, um den flinken Finn zu packen. Doch der war schneller und trat einen Schritt zur Seite. Und bevor der Gemeine Karl wusste, wie ihm geschah, war der flinke Finn schon um ihn herum gelaufen, auf seinen Rücken gesprungen und hatte ihm eine Zwiebel in die Augen gerieben.
Sofort fingen Karls Augen an zu tränen.
Torkelnd lief er über das Deck.

Nun brauchte Finn ihm nur noch ein Bein zu stellen, und schon stürzte der schwere Koloss zu Boden. Blitzschnell fesselte Finn seinen großen Gegner an Händen und Füßen. Die Mannschaft staunte. Das hätte niemand für möglich gehalten! Schon gar nicht der einarmige Alvar.

Sofort befreite Finn seine Leute. Und alle riefen: »Hoch lebe Finn!« Natürlich halfen sie gerne mit, die vielen Kisten mit Gold und Silber von Karls Schiff auf das ihre zu laden.
Von nun an brauchte Finn nie wieder in seinem Leben Zwiebeln zu schneiden.

Das musste jetzt der Gemeine Karl tun. Und weil ihm dabei ununterbrochen die Augen tränten, nannten ihn alle nur noch den Heulenden Karl. Und Angst hatte niemand mehr vor ihm.

Gail Donovan

DER KLEINE EISBÄR

Lars ist ganz schön mutig

Bilder von Fred Marvin

frei nach Hans de Beer

Lars, der kleine Eisbär, lebte am Nordpol, wo der Schnee niemals schmolz. Aber das machte Lars nichts aus. Er mochte Schnee. Und er mochte auch Robby, die kleine Robbe.

Lars und Robby waren die besten Freunde.
Sie teilten alles miteinander.
Auch die leckeren Fische, welche die Robben geschickt fingen.

Doch eines Tages tauchten die Robben ohne Beute auf.
»Wir haben Hunger!«, murmelten die Eisbären.
»Wir auch!«, sagten die Robben. »Aber außer Eisbrocken können wir nichts mehr finden!«

Am nächsten Abend versammelten sich alle.
»Wo sind nur die Fische hingeraten?«, fragten sie ratlos.

»Die Robben tragen keine Schuld«, meinte Sopho, das weise Walross. »Das Problem liegt eher da drüben. Die Menschen haben mehr genommen, als ihnen zusteht.«

Lars und Robby beschlossen, heimlich ins Dorf zu gehen und nachzusehen.
»Das dürft ihr nicht!«, rief Greta, das Eisbärmädchen.
»Wir müssen – sonst werden wir alle verhungern«, sagte Lars bestimmt.

Als es dunkel geworden war, schlichen Lars und Robby durch die leeren Straßen. Sie suchten und schnüffelten überall herum.
Der kleine Eisbär guckte in eine Abfalltonne. Er beugte sich weit vor, um besser sehen zu können – da fiel die Tonne scheppernd zu Boden.

Erschrocken horchten sie auf. Ein lautes Knurren war zu hören.
»Renn, renn«, flüsterte Lars. »Das ist ein Hund.«

Zähnefletschend rannte ein Hund auf sie zu.
Wie der Blitz machten sich die zwei davon.

Robby glitt lautlos in ein sicheres Versteck. Lars rettete sich in letzter Sekunde in einen offenen Hauseingang.

Plötzlich flammte ein Licht auf. Lars blinzelte verwirrt. Vor ihm stand ein Mädchen und sah ihn freundlich an.

»Ich bin Manili. Hast du Hunger, kleiner Eisbär?«
Sie brachte ihm das letzte Fischstäbchen, das sie hatte. »Ich wünschte, ich könnte dir mehr geben. Aber das schwarze Maul hat alle Fische gefangen und ich bin ebenso hungrig wie du.«

»Ich weiß, was mit den Fischen passiert ist«, sagte Lars zu den Tieren.
»Das schwarze –«
Doch die Tiere ließen ihn nicht zu Wort kommen.
»Seid endlich still!«, befahl Sopho. »Der kleine Eisbär hat uns etwas zu sagen!«
Aber die hungrigen Tiere hörten nicht auf ihn.

Plötzlich tauchte etwas riesiges Schwarzes auf, rammte das Eis und zerbrach es mit lautem Knacken und Krachen.
Die Tiere wurden ins Meer geschleudert und das schwarze Maul eines Schiffes verschluckte alle.

Lars hatte sich als Einziger retten können. Er musste hilflos zusehen, wie alle, auch Robby, im schwarzen Maul verschwanden.
Was soll ich nur tun?, dachte Lars verzweifelt. Das schwarze Maul ist so groß und ich bin nur ein kleiner Eisbär!

Da kam Lars die rettende Idee. Er lockte das schwarze Maul zu den gewaltigen Eisklippen, die unter der Wasseroberfläche verborgen waren. Und das schwarze Maul folgte ihm.

BUMM! KRACH!
Die scharfen Eiskanten hatten das schwarze Maul zerstört. Die Tiere brachten sich rasch in Sicherheit, während das Schiff im Polarmeer versank.

Eisbären und Robben konnten nach diesem Erlebnis noch lange nicht einschlafen. Auch Lars, Robby und Greta schwammen bis spät in die Nacht in der Bucht. Manili kam ihnen in ihrem Boot entgegen.
»Danke, kleiner Eisbär«, sagte sie. »Du bist ein richtiger Held.«
Lars fand es schön, ein Held zu sein. Doch am allerschönsten war es, dass er wieder mit seinem Freund zusammen sein konnte.

Die Autoren und Illustratoren

Erhard Dietl, 1953 in Regensburg geboren, studierte an der Kunstakademie in München. Der Erfinder der »Olchis« wurde u.a. mit dem Kinderbuchpreis des Landes Nordrhein-Westfalen und von der Stiftung Buchkunst ausgezeichnet.

Gail Donovan wuchs in Conneticut, USA auf. Nach der Geburt ihrer zwei Töchter begann sie, für Kinder zu schreiben. Heute lebt sie mit ihrer Famile, Hunden, Katzen und ein paar Vögeln in Maine, USA.

Betina Gotzen-Beek, geboren 1965, studierte Malerei und Grafik-Design und hat bereits zahlreiche Kinder- und Jugendbücher veröffentlicht. Sie lebt in Freiburg.

Rike Janßen wurde 1979 in Bremen geboren. Nach dem Fachabitur für Gestaltung studierte sie Design in Münster. Inzwischen studiert sie an der Hochschule für Künste in Bremen und arbeitet als freischaffende Illustratorin. Sie lebt mit ihrem Mann und ihrem Sohn in Oldenburg.

Lars Klinting (1948 – 2006), schwedischer Autor und Illustrator, hat mehr als zwanzig Kinderbücher veröffentlicht. Besonders beliebt und international erfolgreich sind seine Geschichten über den praktisch veranlagten Biber Kasimir, der so gerne backt, malt, näht, tischlert, gärtnert oder Fahrräder und vieles andere repariert. Lars Klinting wurde u.a. für den Deutschen Jugendliteraturpreis nominiert und mit dem Elsa-Beskow-Preis ausgezeichnet.

Hedwig Munck, geboren 1955, studierte Visuelle Kommunikation an der Hochschule der Künste in Berlin. Die Trickfilmserie »Der kleine König« wird seit über zehn Jahren erfolgreich im Fernsehen gesendet.

Katja Reider, geboren 1960, studierte Germanistik und Publizistik in Göttingen und war Pressesprecherin für »Jugend forscht«. Heute lebt sie als freie Autorin in Hamburg.

Petra Maria Schmitt, geboren 1959 in Alsdorf bei Aachen, studierte Sozialpädagogik in Köln. Sie schreibt neben Büchern auch Geschichten für Hörfunk und Fernsehen.

Christoph Schöne, geboren 1967 in München, ist seit 1997 selbstständiger Illustrator und Comiczeichner. Bei Ellermann illustriert er sehr erfolgreich die »Wickie«-Bände.

Eve Tharlet wurde 1956 in Frankreich geboren und ist in Deutschland aufgewachsen. Sie studierte an der Ecole supérieur des arts décoratifs in Straßburg. Seit 1981 illustriert Eve Tharlet Bücher, für die sie viele Auszeichnungen erhalten hat. Sie ist Kindern und Erwachsenen auf der ganzen Welt durch den Erfolg ihrer Pauli-Bücher bekannt.

Udo Weigelt, geboren 1960 in Hamburg, studierte Germanistik und Geschichte in Kiel und in Hamburg. Heute lebt er als freier Kinderbuchautor am Bodensee. Näheres unter *www.uweigelt.de*.

Brigitte Weninger wurde 1960 in Österreich geboren. Sie arbeitete 20 Jahre lang als Kindergarten-Pädagogin, bevor sie sich ganz dem Schreiben zuwandte. Inzwischen hat sie mehr als 50 Bücher veröffentlicht, die in 30 Sprachen übersetzt und vielfach ausgezeichnet wurden. Daneben engagiert sich Brigitte Weninger besonders für die Lese- und Schreibförderung und die Erzählkultur.

Quellenverzeichnis

Erhard Dietl: **Die Olchis allein zu Haus**

Überarbeitete Fassung

© Ellermann im Dressler Verlag GmbH, Hamburg 2011

© Verlag Friedrich Oetinger GmbH, Hamburg 2005

Erstmals erschienen unter dem Titel »Die Olchis, wenn der Babysitter kommt« im Verlag Friedrich Oetinger GmbH, Hamburg 2005

Gail Donovan, Fred Marvin: **Der kleine Eisbär – Lars ist ganz schön mutig**

Überarbeitete Fassung

© Ellermann im Dressler Verlag GmbH, Hamburg 2011

Erstmals erschienen unter dem Titel »Der kleine Eisbär ist mutig!« in der NordSüd Verlag AG, Zürich/Schweiz 2001

Lars Klinting: **Kasimir backt**

Überarbeitete Fassung

© Ellermann im Dressler Verlag GmbH, Hamburg 2011

© Verlag Friedrich Oetinger GmbH, Hamburg 1997

Erstmals erschienen unter dem Titel »Kasimir backt« im Verlag Friedrich Oetinger GmbH, Hamburg 1997

© Lars Klinting 1996 (Text und Bild)

Die Originalausgabe erschien bei Alfabeta Bokförlag, Stockholm, unter dem Titel »Castor bakar«

Aus dem Schwedischen von Angelika Kutsch

Hedwig Munck: **Der kleine König – Keine Angst, kleine Prinzessin!**

© Ellermann im Dressler Verlag GmbH, Hamburg 2009

Katja Reider, Betina Gotzen-Beek: König Krümel und die Monsterbande

Überarbeitete Fassung

Erstmals erschienen bei Ellermann im Dressler Verlag GmbH, Hamburg 2005, unter dem Titel »König Krümel und die wilden Kerle«

Petra Maria Schmitt, Christoph Schöne: Finn, der kleine Wikinger

Text erstmals erschienen bei Ellermann im Dressler Verlag GmbH, Hamburg 2007, in »Kleine Wikingergeschichten zum Vorlesen«

Christoph Schöne: Ritter Löwenzahn und der Drache

Maja von Vogel, Nina Hammerle: Prinzessin Paula auf Drachenjagd

Text erstmals erschienen bei Ellermann im Dressler Verlag GmbH, Hamburg 2005, in »Kleine Abenteuergeschichten zum Vorlesen«

Udo Weigelt, Rike Janßen: Der kleine Drache Ignaz – Hexenspuk im Zauberwald

Brigitte Weninger, Eve Tharlet: Pauli zieht aus

Erstmals erschienen unter dem Titel »Pauli, komm wieder heim!« in der NordSüd Verlag AG, Zürich/Schweiz 1996

Die schönsten Vorlesegeschichten für Kinder – mit vielen farbigen Bildern

ISBN 978-3-7707-2822-0

ISBN 978-3-7707-2475-8

ISBN 978-3-7707-2460-4

ISBN 978-3-7707-2461-1

ISBN 978-3-7707-2471-0

ISBN 978-3-7707-2474-1

Vorlesen mit ellermann

Weitere Informationen unter:
www.ellermann.de